U0064151

給孩子的趣味中國史

五代十國

陳麗華　主編　　　趙一霏　繪

中華教育

給孩子的趣味中國史

五代十國

陳麗華　主編　　　趙一霏　繪

責任編輯　✎　馬楚燕
裝幀設計　✎　綠色人
排　　版　✎　陳美連
印　　務　✎　劉漢舉

出版　中華教育

　　　香港北角英皇道 499 號北角工業大廈 1 樓 B
　　　電話：（852）2137 2338 傳真：（852）2713 8202
　　　電子郵件：info@chunghwabook.com.hk
　　　網址：http://www.chunghwabook.com.hk

發行　香港聯合書刊物流有限公司

　　　香港新界荃灣德士古道 220-248 號荃灣工業中心 16 樓
　　　電話：（852）2150 2100 傳真：（852）2407 3062
　　　電子郵件：info@suplogistics.com.hk

印刷　美雅印刷製本有限公司

　　　香港觀塘榮業街 6 號海濱工業大廈 4 字樓 A 室

版次　2019 年 10 月第 1 版第 1 次印刷
　　　2021 年 4 月第 1 版第 2 次印刷

　　　©2019 2021 中華教育

規格　16 開（205mm x 170mm）

ISBN　978-988-8573-91-2

目錄

五代十國

瓜分唐朝，大家一起上 6

打個架而已，亂世就開始了 8

汴州城雨夜襲擊事件 10

壞兒子不如好臣子 12

功虧一簣的戲迷皇帝 14

「兒皇帝」的「成功」祕訣 16

五代第一明君和四朝宰相 18

南方有和平，還有熱鬧的菜市場 20

崛起吧，江南水鄉 22

蜀地是個好地方 24

南唐的繁榮盛景 26

畫家做偵探，一不小心出國寶 28

亡國之君的千古絕唱 30

吳越王的杭州大改造 32

亂世桃源在楚國 34

世界大事記 36

五代十國 大事年表 38

瓜分唐朝，大家一起上

五代十國好混亂

五代十國時期是唐朝之後的一段大分裂時期。唐朝滅亡後，中原地區先後出現了五個朝代：後梁、後唐、後晉、後漢和後周。在這段時間，中原地區之外還存在過十餘個割據政權，它們被統稱為「十國」。

唐朝再見，後梁你好

907年，在殺了唐朝的多位貴族和大臣後，一名叫朱溫的節度使（時為梁王）終於當上了皇帝。他在自己的大本營汴州（開封）建國，定國號為梁，史稱「後梁」，唐王朝就此終結。

後唐莊宗李存勗（xù）

李存勗是晉王李克用的兒子，驍勇善戰，長於謀略。後來他消滅了後梁，建立了五代的第二個朝代「後唐」。

楚國開國君主馬殷

「十國」中的楚是中國歷史上唯一一個以湖南為中心建立的王朝。楚國的開國君主馬殷在位期間，採取「上奉天子，下撫士民」的治國方針。他不興兵戈，保境安民，還發展農業生產，減輕了百姓的賦稅。

前蜀高祖王建

前蜀的建國者王建曾任唐末的利州刺史。唐朝滅亡後，王建不服後梁管轄，便自立為帝，定國號為蜀。

晉

後梁

吳國太祖楊行密

楊行密是第一個舉起割據大旗的人，他遏止朱溫南進，實現了南方割據勢力與北方中原政權並存的局面。

前蜀

南平

吳

吳越

楚

閩

吳越王錢鏐（liú）

錢鏐是五代十國中吳越國的創始者，他佔據了以杭州為首的兩浙十三州，被中原王朝封為吳越王。錢鏐在位期間，始終尊中原王朝為正統。

打個架而已，
亂世就開始了

吾輩十三歲就能一箭雙鵰！

唐朝末年，異軍突起的沙陀人

沙陀族是古代中國北方的少數民族，他們在唐末和五代時期叱吒風雲：鎮壓黃巢起義、爭霸中原。沙陀人李克用是唐末河東節度使，後被封為晉王。他雖有一目失明，但武藝十分高強。

萬萬沒想到，後來滅我大唐的人就是他！

沙陀人的帽子

大唐王朝終結者：朱溫

朱溫因為鎮壓起義有功，被唐僖宗賜名「全忠」。後來他卻用武力奪取帝位，成為五代的第一位皇帝。

朱溫性格兇狠，卻對自己的妻子張惠百依百順。

五十年亂世，從這兩個人開始

唐朝末年，有個叫黃巢的私鹽販子領導了一場起義，並打到了長安。

李克用領着手下騎兵窮追猛打，最終平定起義，立下大功。

8

兒子不嫌多

五代時軍隊中有種風氣，將領和節度使們為了培植自己的勢力，常在軍中挑那些聰明又能幹的人做養子。

> 收養子啦，名額有限，報名請抓緊！

> 單挑項羽不帶怕的！

鑌鐵棒和流星錘都是五代時將士們常用的武器。

鑌鐵棒　**流星錘**

十三太保就是李克用的 13 個兒子（包括養子），他們都能征善戰。

其中最厲害的李存孝是唐末第一猛將。

> 別怕呀，我給你們刺得好看點！

亂世裏的殘酷手段

由於戰爭頻繁又殘酷，常有士兵逃跑，嚴酷的統治者們便在自己的士兵臉上刺青，這樣他們逃到哪都能被認出來。

朱溫則在一旁撿便宜，不僅收編了潰散的黃巢軍隊，還穩紮穩打稱霸了中原。

後來，朱溫和李克用在一場酒宴上結下血海深仇，打打殺殺的「五代十國」也由此開始了。

汴州城雨夜襲擊事件

剿滅黃巢起義軍後，李克用帶着手下路過汴州城。汴州城是朱溫的地盤，因為攻打黃巢時李克用曾幫朱溫解圍，所以朱溫在驛站準備了酒宴，想表示下自己的感激之情。

吃頓便飯，休息一下吧！

性格豪爽的李克用開懷暢飲，結果喝得太多，酒足飯飽後竟開始說些炫耀自己、羞辱朱溫的話，讓朱溫氣上心頭，無法忍受。

李克用對朱溫毫無防備，喝醉後在驛站呼呼大睡。

氣急敗壞的朱溫便想趁機除掉他，這樣不僅能報仇雪恨，還能順便為自己的皇帝大業開路。

朱溫派出人馬堵住逃跑的道路，
開始圍攻驛站，誰知驚醒的李克
用和屬下頑強抵抗，竟把驛站變
為堅固的堡壘。在他們的弓箭
下，朱溫的軍隊反而傷亡眾多。

上源驛

朱溫氣急敗壞，趕緊命
令手下放火，準備活活
燒死李克用。

面對火海，李克用和屬下無計可
施。就在這關鍵時刻，原本皓月朗
朗的天空突然下起大雨。雨水澆
滅了大火，李克用在屬下的捨命
救護中逃出驛站，從此和朱溫
結下血海深仇。

壞兒子不如好臣子

模範父子兵與父兄大亂鬥

李克用生前一直與朱溫打個不停，他的兒子李存勗繼承了晉王位後，也繼續反抗後梁王朝。李存勗在戰場上比他父親更厲害，帶領軍隊在多場大戰中取勝。

與李家父子不同，朱家人內鬥不斷。趁朱溫病危，他的兒子朱友珪把他殺死並篡位了。

朱溫　　朱友珪　　朱友貞

不過螳螂捕蟬黃雀在後，朱友珪的皇位還沒坐滿一年，就被不服氣的弟弟朱友貞殺死了。

朱溫生前曾說，比起李存勗，自己的兒子就像豬狗一樣，毫無用處。

孝子不夠，忠臣來湊

雖然朱溫的兒子不爭氣，但他身邊有幾個能為他出生入死的忠臣。

敬翔才思敏捷又有謀略，深受朱溫信任，輔佐了朱溫三十餘年，後梁亡國時他自殺而死。

忠臣敬翔

豹死留皮，人死留名，大丈夫怎肯負人恩德？

忠臣王彥章

王彥章是朱溫軍中最勇猛的將領，人稱「王鐵槍」，他揮舞着鐵槍在戰場上叱吒風雲，讓敵人聞風喪膽。他對朱溫忠貞不貳。

插播重大國際新聞：
在中原紛爭戰亂之時，遼太祖耶律阿保機統一了契丹部落，建立契丹國。

後梁從建國起就在與晉軍戰鬥，直到最後晉軍攻入開封城，後梁滅亡。

功虧一簣的
戲迷皇帝

生子當如李亞子

李存勗是李克用的長子，小小年紀就
膽識過人。十一歲那年他和父親一起
朝見唐昭宗，昭宗看著他英勇神武的
模樣，說：「此子可亞其父。」意思
是李存勗長大以後能超過他的父親。
從此他的小名就叫「亞子」了。

後來果然如唐昭宗所言，李亞子不但
和他父親一樣勇猛，他建立的功業甚
至還遠遠超過了他的父親。

朱溫率領大軍圍攻潞州時，被李存勗
用一半的兵力擊敗。這讓朱溫眼紅不
已，恨不得李存勗是自己的兒子。

老爸給我「三支箭」

李克用臨死前，交給李存勗三支箭，囑咐他要報三個仇：一是攻取幽州（今北京），二是征討契丹，三是消滅世敵朱溫。

模範兒子李存勗很聽話，把三支箭供在宗廟裏，每次出征都把箭請出來隨身攜帶，直到最終完成任務，成功復仇。

神勇皇帝愛唱戲

李存勗打敗後梁後，建立起後唐。可惜他雖然在戰場上神勇非凡，在政治上卻十分昏庸，身邊還總有小人搗亂。

因為從小喜歡戲劇，李存勗當上皇帝後寵用戲曲演員，讓他們做官，自己則整天泡在戲院裏唱戲，還取藝名為「李天下」。

15

「兒皇帝」的「成功」祕訣

「兒皇帝」石敬瑭

後晉高祖石敬瑭是後唐末帝李從珂的姐夫，本來安心當着河東節度使，疑心很重的小舅子卻懷疑他要造反，於是他決定向契丹求救。

為了讓契丹幫忙，石敬瑭答應他們，如果自己能坐上皇位，就將軍事要地燕雲十六州拱手相讓。

不僅如此，他還向契丹俯首稱臣，管當時的契丹皇帝耶律德光叫爸爸，自己甘心當「兒皇帝」。

在契丹的幫助下，石敬瑭成功地滅了後唐並稱帝，改國號為晉，史稱「後晉」。

不是說好要聽爸爸的話嗎？

後晉：成也契丹，敗也契丹

石敬瑭死後，他的兒子不願意像父親一樣，老實地伺候「父皇帝」。於是耶律德光一氣之下滅掉後晉，自己去中原當皇帝，正式將國號改為遼。

燕雲十六州的地勢居高臨下，易守難攻，戰略價值巨大。石敬瑭割讓燕雲十六州，把後來的北宋王朝害苦了，在長達200年的統治中，北宋都被契丹虎視眈眈地威脅着。

就算這樣，我也是中國唯一的木乃伊皇帝！

「父皇帝」變身「木乃伊」

耶律德光當上中原的皇帝後，大肆搜刮百姓錢財。中原人民忍無可忍，開始武裝反抗，他只好帶着部下打道回府。

但他還沒走到家就在路上病死了。因為天氣炎熱，大家怕他的屍體腐爛，不得不將他做成了「木乃伊」。

五代第一明君和
四朝宰相

向着光明出發

後周是五代十國中最後一個中原
王朝，開國皇帝是一個名叫郭威
的武將。他幼年孤貧，深知民間
疾苦，所以當上皇帝後勤儉治
國，但因為年紀太大，在位四年
就去世了。

柴榮，百姓等你等得好辛苦

郭威死後，他的養子柴榮繼承了皇位。
俗話說「新官上任三把火」，他剛當上皇
帝就給自己做了三十年的治國計劃表。

在短短的五年內，柴榮就轟轟烈烈地完成了一系列改革，南征北伐，氣勢洶洶地收復了後蜀、南唐和契丹的許多土地。

有決心又有能力的柴榮，被人讚為五代十國最英明的君主。

混亂的黑暗時代似乎就要從此結束了，可不幸的事又來了，因為常年征戰，柴榮舊疾復發，三十九歲就英年早逝了。

「不倒翁」馮道

在皇帝換個不停的五代，馮道是一個神奇的人物——他在四個朝代的八個皇帝手下做過宰相。

馮道博學多才，性格沉穩寬厚，總替百姓請命，直到柴榮即位後他才病逝，結束了「不倒翁」生涯。

南方有和平，還有熱鬧的菜市場

蜂糖

魚肆

茄果

果蔬

許多城市裏都出現了專門的魚市。

城市附近出現了一些大菜圃，許多農民成了專業菜農。

江南地區有很多人開始種甘蔗，生產白糖，當時，梅子、石榴、枇杷、柑橘和荔枝等都是十分受人歡迎的水果。

經濟重心向南移

為了逃避戰亂，許多北方的難民向南遷徙，這促進了南方生產力的發展。加上南方的統治者們重視農業，鼓勵生產，南方的經濟水平從此開始超越北方。

種藥的人變多了，很多藥材還被運到海外銷售。

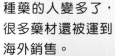

五代十國時期的錢幣

生活穩定，農業發展

相比混戰不停的北方，南方社會環境更穩定，經濟也更發達。大家認真發展農業，開發「新產品」，市場上出現了不少新鮮的好東西。

養蜂業很發達。為了避開吳國太祖楊行密的名字，人們把蜂蜜叫作蜂糖。

沉重的關稅

由於政治上的分裂，南北方各個國家間關卡林立，如果想和其他國家的人進行交易，商人們要向官府繳納一筆高額稅款。有時，商人們為了逃避沉重的關稅，運貨時不走大道，改走山間小路。

崛起吧，江南水鄉

水上貿易好方便

唐末五代，通過陸上絲綢之路進行的對外貿易逐漸萎縮，但海上對外貿易卻日漸繁榮，很多臨海的城市都增設了外貿港口。江南水鄉河道縱橫，水路運輸原本就很發達，在對內和對外兩種水上貿易的雙重刺激下，這裏的經濟逐漸發展起來。

水上大都市裏的特色職業

河道清潔工

城市裏有清掃路面的道路清潔工，也有給河道清淤的河道保養人員。

酒家

水鄉裏有很多沿河而建的酒家，著名詩句「夜泊秦淮近酒家」就寫到了水道兩岸的餐飲業。

船家

路途遙遠時人們需要車船，在水上划船的船家就像陸地上的車夫一樣重要。

揚州：為自己「帶鹽」

江南的揚州是我國古代主要的鹽產地和鹽業集散中心，自古鹽商巨富雲集，發達的造船業和便利的水路運輸，方便人們將鹽輸送到其他地方。

發達的造船業

南唐時，揚州、金陵等地是重要的造船中心，官府在此設置造船廠，建造各類船隻。造船廠既能建造碩大無比的戰艦，也能建造輕便的小舟，還可以建造各種大型運輸船。

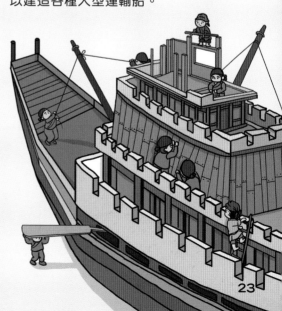

蜀地是個好地方

前蜀的建立和滅亡

前蜀高祖王建在成都建國後，沒有發動大規模的戰爭，民眾得以繼續安心生產勞作。除了稅賦較重讓人民稍有不滿外，國家內部還算安定。但後來，王建的兒子王衍即位後，奢侈荒淫、剝削百姓，前蜀逐漸走向滅亡。

名畫《王蜀宮妓圖》描繪的就是王衍後宮的宮女。

孟昶（chǎng）是後蜀高祖孟知祥的兒子，也是一位勵精圖治的皇帝。他的寵妃費貴妃是著名女詩人「花蕊夫人」。

賜緋羊是孟昶宮中的美味名菜。

三十年後蜀，和平的樂土

前蜀滅亡十年後，孟知祥在成都建都稱帝，建立「後蜀」。他穩定社會，恢復生產。因為成都雨水多，城牆容易被沖垮，而木芙蓉根深，可以幫助固定城牆，他就動員百姓在城裏遍種木芙蓉，今天成都的別稱依然是蓉城。

著名的《花間集》

為了躲避戰亂，很多中原文人逃到蜀地，在這裏寫下不少詩詞。後蜀的趙崇祚（zuò）選了溫庭筠（yún）、韋莊等十八位詞人的作品，編輯成中國最早的詞選集《花間集》。

韋莊不僅是有名的「花間派」詞人，還是王建的宰相。

永陵王建墓

王建的陵墓又叫永陵，距今已有一千多年的歷史。這裏出土了很多巧奪天工的文物，墓內的石刻也精美絕倫。

養蠶繅絲和種植草藥的百姓

南唐的繁榮盛景

定都江南,走向興盛

楊行密是五代十國中吳國的奠基人,他不僅英勇善戰,還寬厚愛民。吳國是南唐的前朝,它開創了經濟文化重心南移的先河,楊行密因此被譽為「十國第一人」。

楊行密還是在戰場上以火藥做武器的第一人。他把火藥裝進紙管裏,發明了古代的「火箭」——飛火。

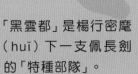

「黑雲都」是楊行密麾(huī)下一支佩長劍的「特種部隊」。

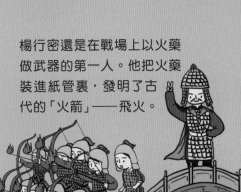

繁華的南唐

南唐的開國皇帝徐知誥(gào),取代吳國稱帝後改名李昪(biàn),將國號改為唐,史稱「南唐」。南唐是十國中版圖較大的國家,也是一個經濟文化繁榮、科技發達、對外開放程度很高的國家。

賣茶水的小商販

織布的婦女

街頭水果攤

南唐女子過七夕

七月初七，古時又叫「乞巧節」。那天女孩們會在室外擺上瓜果點心，坐在星空下祭祀牛郎織女，希望織女星保佑自己心靈手巧。然後她們對着月亮把五色線穿過九孔針，誰穿過誰就「得巧」了。

南唐皇帝倡導文治，
重用文人。

隋唐五代的雨具

馮延巳是個學問淵博、多才多藝的人，曾被李昪任命為太子李璟的太傅，後來他做了宰相。

《陽春集》
馮延巳的詞集

27

畫家做偵探，一不小心出國寶

逃命的才子

南唐名臣韓熙載博學多才，精通音律和書畫，是著名的文學家。他本是後唐的進士，父親因得罪朝廷被殺害，他便逃往南方謀生，後來受到李璟的器重。

越墮落越快樂

李璟之後的皇帝李煜治國無方，對韓熙載心存戒備。韓熙載為了自保，讓李煜放下戒心，便整天設宴，假裝成醉生夢死的糊塗人。但李煜對他仍不放心，派宮廷畫家顧閎（hóng）中去他家中，讓其將所見的情景畫下來。

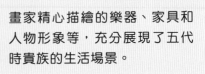

畫家精心描繪的樂器、家具和人物形象等，充分展現了五代時貴族的生活場景。

28

國寶的誕生

發現顧閎中是宮廷派來的「間諜」，韓熙載將計就計，給李煜演了一出「夜宴」大戲，這就是著名國寶《韓熙載夜宴圖》的場景。

顧閎中創作夜宴圖

顧閎中把韓熙載家中的夜宴場景全都記在心裏，回去後立刻揮筆作畫。李煜看了畫後，就暫時放過了韓熙載。

《韓熙載夜宴圖》

《韓熙載夜宴圖》分為五個既可獨立成章，卻又相互關聯的場景。
畫家巧妙地利用房間裏的屏風、牀榻、樂女等將畫面進行了分割。

韓熙載在圍牀上休息，欣賞樂女演奏。

亡國之君的千古絕唱

李煜：命不好啊

李煜當上皇帝時，南唐的國力已經非常弱了，而中原的北宋王朝正雄心勃勃地想統一中國。其實李煜本不想做皇帝，他無心也無力與北宋抗衡，所以整天沉迷於風花雪月，不理朝政。

南唐皇帝的文房三寶

李廷珪（guī）墨、澄心堂紙、龍尾歙（shè）硯

千古詞帝

李煜雖不擅長政治，但有着超高的文藝造詣。他不僅精通書畫音律，還擅長寫詞，留下了《虞美人》《浪淘沙》《烏夜啼》等諸多不朽的篇章，被稱為「千古詞帝」。

問君能有幾多愁
恰似一江春水向東流

李煜與大周后、小周后

大周后、小周后是南唐大臣周宗的女兒。大周后小名娥皇，是個多才多藝的美人。她嫁給李煜後，與他感情深厚。但她二十九歲就身患重病，不久便去世了。李煜十分痛苦，寫下文章表達自己哀痛的心情。大周后去世後，李煜又娶了她的妹妹小周后為皇后，兩人的感情也十分好。

問君能有幾多愁

李煜迎娶小周后不久，宋軍攻破南唐都城，李煜與小周后被俘至汴京，做了階下囚，共同度過了三年受盡屈辱的囚禁生活。李煜死後，小周后悲痛欲絕，不久也隨之而去。

宋軍攻破金陵，李煜被迫降宋。

吳越王的杭州大改造

有才還有情的吳越王
吳越王錢鏐在杭州立都，採取保境安民的政策，重農桑、興水利。後來，在錢鏐和他的子孫們的統治下，杭州發展成了全國著名的繁榮城市。

錢鏐十分喜愛自己的王妃莊穆夫人，王妃每年春天都要回故鄉探親，錢鏐總會很想念她。有一年春天快結束時，王妃還沒回來，錢鏐就給她寫信道：「陌上花開，可緩緩歸矣。」意思是田野間的花都開了，你可以慢慢歸來了嗎？

修築捍海石塘
杭州的錢塘江漲潮時嚴重影響百姓生活，於是錢鏐組織兵民，修築起捍海石塘，基本解決了潮患，也讓杭州城從此可以穩定地發展。

錢王射潮的傳說

因為錢鏐解決了錢塘江的潮患，百姓們編出了「錢王射潮」的神話。神話中，錢鏐看見潮水上漲後，帶領弓弩手們一起張弓射潮，潮水就退下了。

鑿井專業戶

傳說錢鏐曾在杭州鑿了九十九口井，不過後來它們大多乾枯，但有的井直到今天仍然有水，杭州百井坊巷巷口的錢王井就是其中之一。

水田裏的軍隊

重視水利建設的錢鏐，還在太湖地區專門建立了「撩湖兵」。撩湖兵在當地築起了肥沃的圩（wéi）田，讓百姓們得以安居樂業。

亂世桃源在楚國

木匠皇帝在湖南

馬殷是做木匠出身的中原人，因為逃避戰亂，跑到了湖南。經過艱難的奮鬥，他終於統一了湖南，成為楚王。在他的統治下，楚國繁榮發達起來，成了當時天下聞名的富國。

全國連鎖的茶葉店

楚國的土地很適合種茶，官府也鼓勵百姓們種茶，然後將茶葉賣給其他國家的商人，當時南方最大的茶市就在楚國境內。茶稅是楚國主要的稅收來源，百姓每年都會上繳大量茶稅。

同時，楚國官府還在全國各地開設「連鎖店」，專門派人從百姓手中收購茶葉，再賣給中原地區的商人，換回戰馬和絲織品。在這種買賣中，官府能賺取幾十倍的差價。

那時，橘子還有個好玩的名字——「金香大丞相」。

物產豐富的好地方

楚國境內水源豐富，適合種植各種農作物，棉花和甘蔗都是當時楚國盛產的農產品。此外，種橘子的人也非常多，在洞庭湖和湘江沿岸有很多橘園。

來吧來吧，我們這裏沒關稅

因為處於中心地帶，楚國憑藉地域優勢，熱情地與中原及周邊各國做生意。和其他國家不同，楚國不但不對跨國貿易收取高額關稅，甚至還免收關稅，鼓勵進出口貿易，吸引了各國商人。

全都換成大橘子！

鉛鐵做的錢，誰也別帶走

為了發展商業，馬殷採納大臣的建議，用鉛和鐵鑄造錢幣在境內流通。因為鉛鐵錢笨重，不方便大量攜帶，而且商人們去了其他國家，這些錢都用不了，所以只能用鉛鐵錢購買貨物後再帶出楚國。這樣就促進了商品流通，楚國也因此變得富饒。

又一個來賺錢的！

世界大事記

1. 公元 909 年，北非建立法蒂瑪王朝，中國史籍稱之為「綠衣大食」。法蒂瑪王朝繼承和發展了伊斯蘭文化，獎勵科學研究，發展教育事業，因此文化發達，學術繁榮。

2. 公元 911 年，法蘭西國王被迫將北部塞納河河口一帶割讓給諾曼人，其在此建立諾曼底公國。

7. 公元 936 年，高麗的王建重新統一朝鮮。

8. 公元 10 世紀中期，歐洲發生大饑荒。

9. 公元 955 年，發生了著名的奧格斯堡戰役，匈牙利人被擊敗，從此不再對日耳曼人構成威脅。

3. 公元 919 年，德意志國王去世，薩克森公爵亨利一世繼位，建立薩克森王朝。

4. 公元 927 年，保加利亞皇帝西美昂一世去世，他在位期間國力鼎盛，曾四次攻抵君士坦丁堡。西美昂一世去世後，保加利亞第一王國逐漸衰落。

5. 公元 10 世紀，德國的隱修院有了玻璃窗。

6. 公元 929 年，拉赫曼三世在西班牙建立科爾多瓦哈里發國。他在位的 50 年間，大力發展經濟文化，使科爾多瓦哈里發國成為歐洲最富庶的國家之一。

10. 公元 962 年，神聖羅馬帝國建立，德意志國王、薩克森王朝的奧托一世加冕稱帝，成為羅馬的監護人和羅馬天主教世界的最高統治者。

五代十國 大事年表

公元 907 年，後梁、吳越、前蜀同年建立。

公元 916 年，契丹耶律阿保機稱帝。

公元 923 年，後梁滅亡，後唐建立。

公元 936 年，後唐滅亡，後晉建立。

公元 938 年，石敬瑭割讓燕雲十六州。

公元 947 年，後晉滅亡，後漢建立；契丹改國號為遼。

公元 951 年，後周建立。

公元 954 年，後周世宗柴榮登基。

公元 957 年，柴榮第三次南征，南唐大潰。

公元 959 年，柴榮去世，次年五代結束。

注：本書歷代紀元以《現代漢語詞典》（第 7 版）為參考依據。